GERMAN

FOR KIDS | LEVEL 2

2

written & illustrated
by Madeleine Clare

How to use this book

Read, repeat & learn

Each unit starts with a vocabulary page. In this section you should read & repeat all of the new words or phrases. Always search for a pronunciation that you're not sure about.

Complete the exercises

Move onto the exercise pages, only when you feel you have read & repeated the new words & phrases enough. Each unit has 5-6 exercises.

Move onto the next unit

Move onto the next unit, only when you have completed all of the exercises of the previous unit. Only do one unit or part of a unit per session.

Revision pages

Every three units there is a revision page to encourage further practice. It is important to frequently come back to previous units to practise them.

Inhaltsverzeichnis

DEUTSCHUNTERRICHT

Die Lehrerin sagt

Hör zu! listen

Sieh! look

Schreibe! write

Lies! read

Wiederhole! repeat

Räum deine Sachen auf! tidy your things

Der Schüler sagt...

Kann ich auf die Toilette gehen?
Can I go to the toilet?

Was bedeutet das?
What does that mean?

Ich verstehe nicht.
I don't understand.

Ich weiß nicht.
I don't know.

Ich habe eine Frage.
I have a question.

Ich brauche Hilfe.
I need help.

DEUTSCHUNTERRICHT

1 **Schreibe** Write the missing letters

_ör _u	s_eh
s_hrei_e	l_e_
wi_de_ho_e	r_u_ auf

2 **Ergänze** Complete the sentences with the words below

schreibe	wiederhole	sehe	höre

Ich .... mit meinen Ohren.

Ich .... mit meinen Augen.

Ich .... mit meinen Händen.

Ich .... mit meinem Mund.

3 **Ergänze** Complete the questions and phrases with the words below

nicht	
Toilette	
bedeutet	
Frage	
Hilfe	
verstehe	

1. Kann ich auf die .... gehen?

2. Was .... das?

3. Ich .... nicht.

4. Ich weiß ....

5. Ich habe eine ....

6. Ich brauche ....

4 **Lies** Read the dialogue between the teacher and the student

Frau Schmidt, ich habe eine Frage.

Kein Problem. Was ist deine Frage, Florian?

Kann ich auf die Toilette gehen, bitte?

Ja, natürlich!

Danke!

DEUTSCHUNTERRICHT

5 **Ergänze** Complete the text about German class with the words below

räumen	lesen	Deutsch	hören

Im Deutschunterricht .... wir der Lehrerin zu,

wenn sie spricht. Wir schreiben und wir ....

Am Ende (at the end) des Unterrichts, ... wir unsere

Sachen auf. Wir mögen unseren ....unterricht!

6 **Schreibe** Write the appropriate phrase or question in German

Ask to go to the toilet.	
Ask what that means.	
Say you don't know.	
Ask for help.	
Say you don't understand.	

IN DER SCHULE

Wir lernen Mathe.

Wir lesen Bücher.

Wir zeichnen.

Wir schreiben in unsere Hefte.

Wir essen einen Snack.

Wir arbeiten am Computer.

Wir machen Sport.

Wir schreiben Klassenarbeiten.

In der Pause spielen wir auf dem Schulhof.

IN DER SCHULE

1 **Verbinde** Draw a line to match the item to the correct sentence

Wir lesen Bücher.	Wir arbeiten am Computer.	Wir lernen Mathe.	Wir zeichnen.

2 **Ergänze** Complete the sentences with the words below

Klassenarbeiten
Snack
Schulhof
Sport
Hefte

1. Wir essen einen ....

2. In der Pause spielen wir auf dem ....

3. Wir machen ....

4. Wir schreiben ....

5. Wir schreiben in unsere ....

IN DER SCHULE

Lies Read about Lena's typical day at school

Ein typischer Schultag

Wir kommen um 8 Uhr an der Schule an. Wir lernen Mathe und wir schreiben in unsere Hefte. Manchmal (sometimes) arbeiten wir am Computer. Danach (after that) essen wir einen Snack und wir spielen auf dem Schulhof.

4 **Schreibe** Write four things you do on a typical school day, use the text to help

Und du?

IN DER SCHULE

5 **Ergänze** Complete the text based on the images in the timetable

Mein Stundenplan

Montag	
8:00	▬
9:00	1+1=2
10:00	🍎
10:30	🏀

Am Montag beginnen wir um 8 Uhr mit dem .... Danach um 9 Uhr haben wir ....unterricht. Um 10 Uhr essen wir einen .... und um 10.30 machen wir ....

6 **Verbinde** Draw a line to match the verb with the rest of the sentence

Wir schreiben

Wir spielen

Wir essen

Wir arbeiten

Wir schreiben

am Computer

in unsere Hefte

auf dem Schulhof

Klassenarbeiten

einen Snack

DAS WETTER

Wie ist das Wetter?

Es schneit.

Es ist wolkig.

Es regnet.

Es ist windig.

Es gewittert.

Es ist sonnig.

Es gibt einen Regenbogen.

Es ist kalt. Es ist heiß.

DAS WETTER

1 Wähle aus Circle the correct picture

| Es ist sonnig. | Es ist windig. | Es gewittert. |

Es regnet. Es ist heiß.

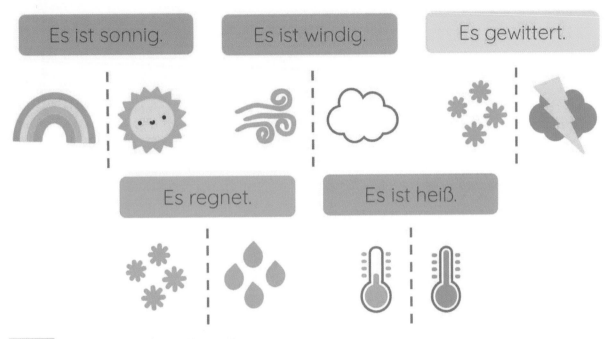

2 Lies und schreibe Read and write what the weather is like today for you

Wie ist das Wetter?

Es ist heiß und es ist sonnig.

Wie ist das Wetter?

DAS WETTER

3 **Schreibe** Write the weather for each day of the week

Mo	Di	Mi	Do	Fr

Montag _____.

Dienstag _____.

Mittwoch _____.

Donnerstag _____.

Freitag _____.

4 **Zeichne** Read below and draw the weather above each house

Es ist sonnig.   Es schneit.   Es ist wolkig.

5 **Sprich** Say the weather in each city in Germany

Wie ist das Wetter in Deutschland?

Beispiel:

> Es ist wolkig in Berlin.

Kiel

Hamburg

Berlin

Dresden

Frankfurt

München

Freiburg

14

Wiederholung 1

1 **Schreibe** Write the missing letters in the class instruction words

_ör z_	s_e_
sch_ei_e	li_s
wi_de_ho_e	rä_m auf

2 **Verbinde** Draw a line to complete the sentences about school

Wir schreiben

Wir spielen

Wir essen

Wir arbeiten

Wir schreiben

am Computer

in unsere Hefte

auf dem Schulhof

Klassenarbeiten

einen Snack

3 **Schreibe** Write the correct weather

ICH ÜBER MICH

Ich habe rote lockige Haare. Meine Augen sind hellbraun und ich trage eine Brille.

I have ginger, curly hair. My eyes are light brown and I wear glasses.

Ich habe blonde glatte Haare. Meine Augen sind blau.

I have blond, straight hair. My eyes are blue.

Ich habe lange schwarze Haare. Meine Augen sind dunkelgrün.

I have long, black hair. My eyes are dark green.

Ich habe kurze braune Haare. Meine Augen sind braun.

I have short, brown hair. My eyes are brown.

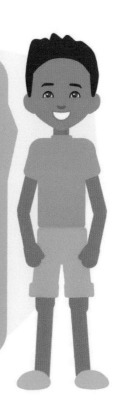

ICH ÜBER MICH

1 Verbinde Draw a line to match the description with the correct person

 Jonas

 Lisa

 Lena

 Florian

Ich habe blonde Haare.	Meine Augen sind grün.	Meine Augen sind hellbraun.	Ich habe kurze Haare.

2 Schreibe Write the adjectives in the correct spaces

Ich habe .... Haare. Meine Augen sind

....

hell+colour = light (brown) hellbraun
dunkel+colour = dark (green) dunkelgrün

3 **Schreibe** Write the adjectives and noun in the correct spaces

Ich habe ....,

.... Haare.

Meine Augen sind

.... Ich

trage eine ....

4 **Verbinde** Match the descriptions with the correct person

blonde Haare

braune Augen

blaue Augen

braune Haare

ICH ÜBER MICH

5 **Zeichne** Read the description and draw the person

> Ich habe lange, lockige rote Haare. Meine Augen sind blau. Ich trage eine Brille.

6 **Zeichne und schreibe** Draw and write about yourself

> Ich habe ...., ... Haare. Meine Augen sind
>
> ....

19

DIE KLEIDUNG

das T-Shirt

die Jeans

der Pulli

das Hemd

der Rock

der Mantel

das Kleid

die Hose

die Shorts

die Schuhe

DIE KLEIDUNG

1 Verbinde Draw a line to match the description with the correct circle

gelbe Schuhe

ein blaues T-Shirt

ein lila Kleid

orange Schuhe

ein rosa T-Shirt

eine grüne Hose

2 Ergänze Write the correct items of clothing from above

Er trägt ein blaues ...., eine grüne .... und gelbe ....

Sie trägt ein rosa ...., ein lila .... und orange ....

DIE KLEIDUNG

3 Verbinde und male aus Draw a line to match the clothes and colour them

Der Mantel ist grün.	Der Rock ist rot.	Die Hose ist gelb.	Das Hemd ist blau.

4 Ergänze Write the correct item of clothing

Das .... ist rosa.	Der .... ist braun.	Die .... ist blau.	Das .... ist orange.

DIE KLEIDUNG

5 **Sprich** Describe each child's outfit

6 **Schreibe und sprich** Write and say what you're wearing today

 er/sie trägt: he/she's wearing | ich trage: I'm wearing

*In German, in front of nouns you have to put the correct ending on the adjective. Check p21 for the correct ending.

MEINE SACHEN

der Bleistift

der Stift

das Papier

der Radiergummi

das Buch

die Flasche

der Rucksack

das Handy

der Ball

die Zahnbürste

Einheit 6 MEINE SACHEN

1 Wähle aus Circle the correct object

das Handy

der Stift

der Ball

das Papier

der Radiergummi

2 Ergänze Complete the crossword

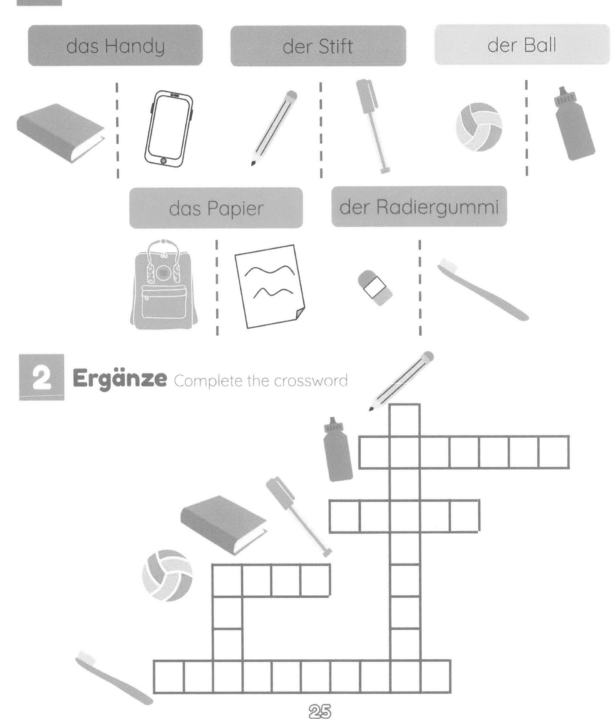

MEINE SACHEN

3 **Verbinde und male aus** Draw a line to match the items and colour them

 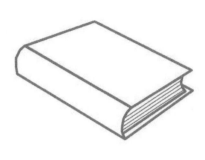  

Das Buch ist grün.	Das Handy ist blau.	Die Flasche ist gelb.	Der Stift ist orange.

4 **Sprich** Say what is in the bag

Im Rucksack gibt es...

 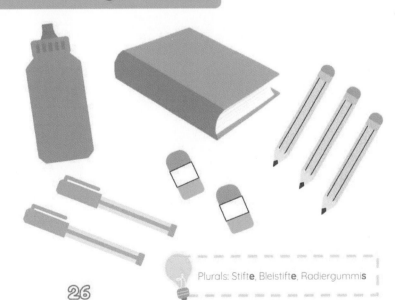

Plurals: Stift**e**, Bleistift**e**, Radiergummi**s**

26

MEINE SACHEN

5 **Male aus und zeichne** Colour the bag and draw what is inside

Mein Rucksack ist gelb.

In meinem Rucksack gibt es zwei Bleistifte, einen Radiergummi, drei Bücher, einen Ball und eine Flasche.

6 **Schreibe** Write the words of the objects below

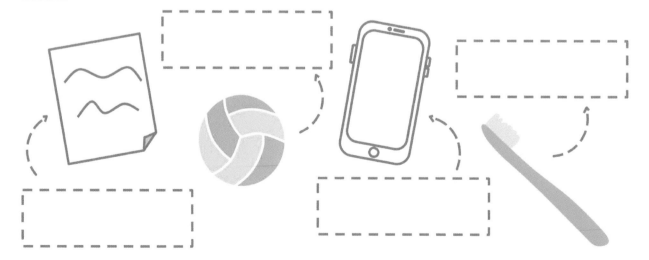

Wiederholung 2

1 Ergänze Complete the text about Florian's looks

Ich habe ...., ...

Haare. Meine Augen sind

.... Ich trage eine

....

2 Schreibe Write the item of clothing and colour it

Das .... ist rosa.

Der .... ist braun.

Der .... ist blau.

Die .... ist orange.

3 Schreibe Write the name of each object

DAS HAUS

das Schlafzimmer

der Balkon

der Garten

das Badezimmer

das Elternschlafzimmer

das Wohnzimmer

die Küche

die Diele

Einheit 7 DAS HAUS

1 **Schreibe** Write the names of the rooms

2 **Schreibe** Write the missing letters

Sc_lafzi_m_r	K_ch_
B_de_imm_r	B_lko_
Wo_nz_m_er	Ga_te_

Einheit 7 — DAS HAUS

3 Verbinde Draw a line to match the piece of furniture with the room

 **das Sofa**

 **der Tisch**

 **das Bett**

 **das Waschbecken**

 **die Pflanze**

das Badezimmer
das Schlafzimmer
der Garten/Balkon
das Wohnzimmer
die Küche

4 Lies und sprich Read the text and then describe your house

In meinem Haus gibt es ein großes Wohnzimmer, eine Küche, ein Badezimmer und zwei Schlafzimmer. Es gibt einen kleinen Garten. Und bei dir?

In meinem Haus gibt es...

 In meinem Haus gibt es: In my house, there is
Adjectives: groß: big | klein: small - (the gender of the room changes the end of the adjective: der - einen groß**en**, die - eine groß**e**, das - ein groß**es**)

DAS HAUS

5 **Zeichne** Draw your house and label the rooms

6 **Forsche** Colour and research the names in German

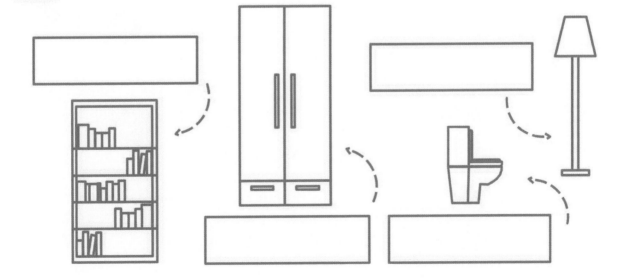

WO IST ES?

vor dem Auto

auf dem Auto

hinter dem Auto

neben dem Auto

im Auto

unter dem Auto

zwischen den Autos

33

WO IST ES?

1 **Verbinde** Draw a line to match the sentence with the correct picture

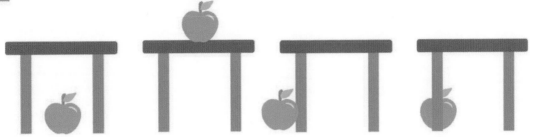

Der Apfel ist auf dem Tisch.	Der Apfel ist hinter dem Tisch.	Der Apfel ist unter dem Tisch.	Der Apfel ist neben dem Tisch.

2 **Ergänze** Complete the sentences based on the pictures

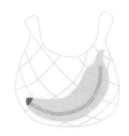   

1. Die Banane ist .... der Tasche.

2. Die Schnecke ist .... dem Baum.

3. Die Gabel ist .... dem Teller.

4. Die Blume .... den Bergen.

WO IST ES?

3 **Zeichne** Draw the snail in the correct place based on the sentence

Die Schnecke ist unter dem Auto.

Die Schnecke ist auf dem Auto.

Die Schnecke ist vor dem Auto.

4 **Sprich** Say where each item is in the room in relation to other items

Beispiel: Die Lampe ist auf dem Nachttisch.

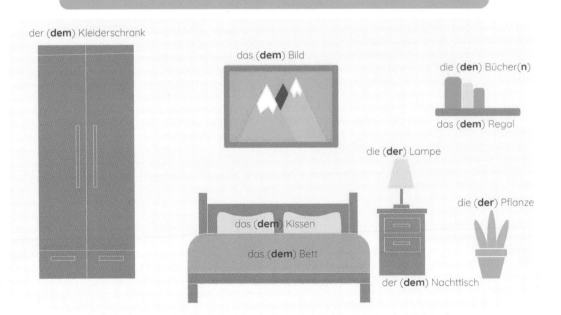

der (**dem**) Kleiderschrank

das (**dem**) Bild

die (**den**) Bücher(**n**)

das (**dem**) Regal

die (**der**) Lampe

die (**der**) Pflanze

das (**dem**) Kissen

das (**dem**) Bett

der (**dem**) Nachttisch

If the object comes after the preposition, use the article in brackets instead. e.g. Die Lampe ist auf dem Nachttisch.
der -> **dem**, **die** -> **der** and **das** -> **dem**

Einheit
8 WO IST ES?

5 Antworte Answer the questions about where each item is

Wo ist die Gitarre?

Wo ist die Flasche?

Wo ist der Apfel?

Wo ist die Schnecke?

Wo ist das Handy?

Wo ist der Stift?

Wo ist der Rucksack?

Wo ist der Ball?

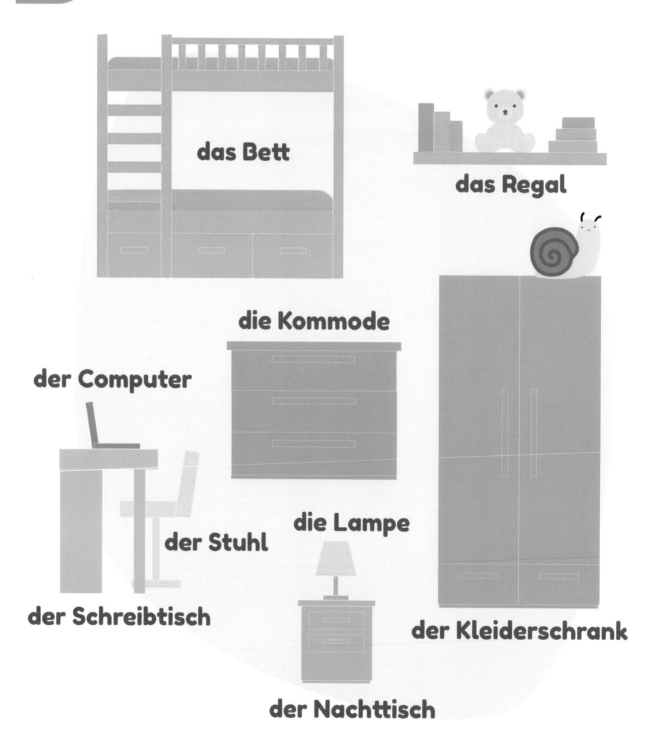

das Bett

das Regal

die Kommode

der Computer

der Stuhl

die Lampe

der Schreibtisch

der Kleiderschrank

der Nachttisch

DAS SCHLAFZIMMER

1 **Schreibe** List 5 things you see in the bedroom

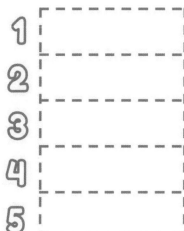

1

2

3

4

5

2 **Lies und zeichne** Read the text and draw what's in the room

In meinem Schlafzimmer gibt es ein Bett in der Mitte. Neben dem Bett gibt es einen Nachttisch und auf dem Nachttisch gibt es eine Lampe. Auf der anderen Seite (on the other side) von des Bettes gibt es einen Kleiderschrank. Es gibt ein Regal und auf dem Regal gibt es Bücher.

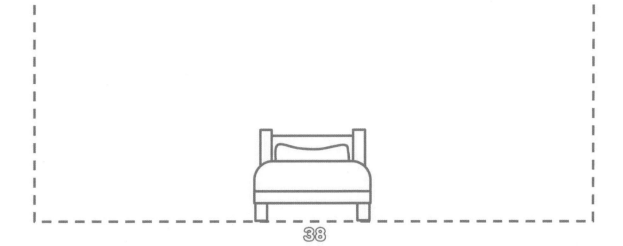

DAS SCHLAFZIMMER

3 **Lies** Read the text about Florian's bedroom

Florians Schlafzimmer

Ich liebe mein Schlafzimmer. Es gibt ein grünes Bett, einen gelben Kleiderschrank und einen roten Nachttisch. Es gibt einen Schreibtisch für meinen Computer mit einem Stuhl.

4 **Schreibe** Write a description of your bedroom using the text above to help

Und dein Schlafzimmer?

DAS SCHLAFZIMMER

5 Ergänze Complete the crossword based on the pictures

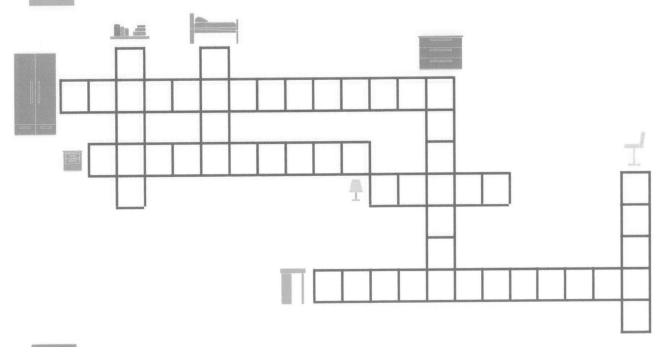

6 Lies und male aus Read and colour in the items based on the text

Der Nachttisch ist orange. Die Lampe ist blau. Das Bett ist grün. Der Schreibtisch ist schwarz. Der Computer ist grau. Der Stuhl ist rot. Das Regal ist braun. Die Kommode ist rosa. Der Kleiderschrank ist lila.

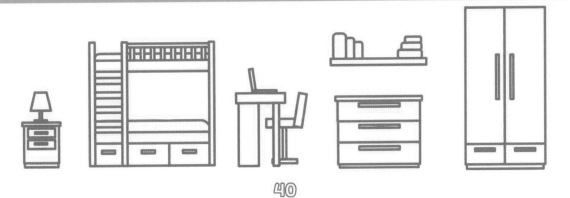

Wiederholung 3

1 **Schreibe** Write the missing letters of the rooms of the house

Schl_fzim_e_	K_ch_
_ade_imm_r	B_lk_n
Wo_nzim_er	_art_n

2 **Schreibe** Write the correct preposition word depending on the picture

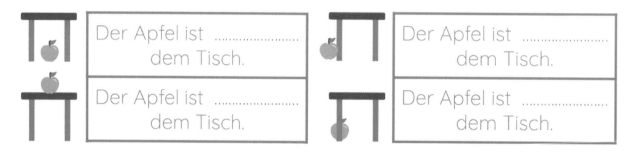

Der Apfel ist .... dem Tisch.

Der Apfel ist .... dem Tisch.

Der Apfel ist .... dem Tisch.

Der Apfel ist .... dem Tisch.

3 **Schreibe** Write five things you see in the room

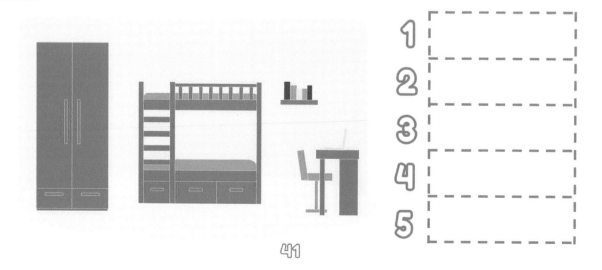

1

2

3

4

5

DIE AKTIVITÄTEN

Ich gehe schwimmen.

Ich mache Sport.

Ich sehe fern.

Ich spiele Computerspiele.

Ich lese ein Buch.

Ich spiele mit meinen Spielzeugen.

Ich spiele im Park.

Ich zeichne.

Ich spiele Gitarre.

Ich fahre Rad.

DIE AKTIVITÄTEN

1 **Verbinde** Draw a line to match the picture with the activity

Ich gehe schwimmen.	Ich lese ein Buch.	Ich mache Sport.	Ich zeichne.

2 **Zeichne** Draw a picture of each activity

Ich spiele im Park.	Ich sehe fern.	Ich spiele Gitarre.

Ich fahre Rad.	Ich spiele Computerspiele.	Ich mache Sport.

DIE AKTIVITÄTEN

3 Ergänze Tick the box for how often you do each activity

	immer	manchmal	nie
Ich mache Sport.			
Ich zeichne.			
Ich sehe fern.			
Ich spiele Computerspiele.			
Ich spiele im Park.			
Ich fahre Rad.			
Ich spiele mit meinen Spielzeugen.			
Ich lese ein Buch.			
Ich spiele Gitarre.			

immer: always | manchmal: sometimes | nie: never

4 Sprich Say three activities you do every weekend

Am Wochenende... ich...

Example: "Am Wochenende gehe ich schwimmen"

5 Lies und antworte Read the texts and answer the questions

Am Samstag spiele ich Gitarre und danach fahre ich Rad.

Lisa

Am Samstag gehe ich schwimmen und danach spiele ich im Park.

Florian

Lena

Am Samstag spiele ich Computerspiele und danach mache ich sport.

Jonas

Am Samstag sehe ich fern und danach lese ich ein Buch.

danach: after | wer: who

Fragen

1. Wer fährt Rad? ....

2. Wer liest ein Buch? ....

3. Wer spielt im Park? ....

4. Wer sieht fern? ....

5. Wer macht Sport? ....

IN DER STADT

Bahnhof

Wir nehmen den Zug am Bahnhof.

Wir lernen in der Schule.

Wir machen Sport im Sportzentrum.

Wir gehen im Einkaufszentrum einkaufen.

Wir essen im Restaurant.

Wir gehen im Supermarkt einkaufen.

Wir gehen ins Krankenhaus, wenn wir krank sind.

IN DER STADT

1 Verbinde Draw a line to match the picture with the correct word

  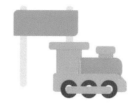 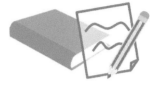

der Bahnhof	die Schule	das Restaurant	der Supermarkt

2 Verbinde Draw a line to match the action with the correct location

Wir nehmen den Zug
Wir gehen... einkaufen
Wir gehen... einkaufen
Wir lernen
Wir machen Sport

im Supermarkt.

in der Schule.

im Einkaufszentrum.

im Sportzentrum.

am Bahnhof.

3 **Ergänze** Complete the sentences with the words below

gehen	lernen	gehen
essen	gehen	nehmen

1. Wir .... den Zug am Bahnhof.

2. Wir .... im Einkaufszentrum einkaufen.

3. Wir .... in der Schule.

4. Wir .... ins Krankenhaus, wenn wir krank sind.

5. Wir .... im Restaurant.

6. Wir .... im Supermarkt einkaufen.

4 **Lies** Read the text about Jonas' day in town

Ein Tag in der Stadt

Gestern bin ich mit meinem Papa in die Stadt gegangen. Wir sind einkaufen gegangen und wir haben im Restaurant gegessen. Dann sind wir im Supermarkt einkaufen gegangen.

IN DER STADT

5 **Sprich** Say the three things that are in the town and three that are not

In der Stadt gibt es einen/eine/ein	aber es gibt keinen/keine/kein

6 **Schreibe** Write three things that are in your town and three that are not

In meiner Stadt gibt es einen/eine/ein	aber es gibt keinen/keine/kein

EINKAUFEN GEHEN

Ich kaufe ein T-Shirt im Kleidergeschäft.

Ich kaufe ein Buch im Buchladen.

Ich kaufe einen Stift im Schreibwarenladen.

Ich kaufe ein Spielzeug im Spielwarengeschäft.

Ich kaufe Brot in der Bäckerei.

Ich lasse mir die Haare beim Friseur schneiden.

EINKAUFEN GEHEN

1 **Verbinde** Draw a line to match the item to the correct shop

| Schreibwarenladen | Spielwarengeschäft | Kleidergeschäft |

2 **Lies und verbinde** Read the sentences and match the item to the correct price

Im Kleidergeschäft

Die Hose kostet zweiunddreißig Euro.

Die Schuhe kosten fünfzig Euro.

Die Shorts kosten fünfzehn Euro.

Das Kleid kostet siebenundzwanzig Euro.

 15€ ○  27€ ○ 50€ ○  32€ ○

51

EINKAUFEN GEHEN

3 **Lies** Read the dialogue about Lisa's mum at the toy shop

Lisas Mama

> Guten Tag, haben Sie Jo-Jos? Es ist ein Geschenk (a gift) für meine Tochter.

> Ja, folgen Sie mir (follow me)... Welche Farbe möchten Sie?

> Lila, wenn Sie das haben. Lila ist ihre Lieblingsfarbe.

> Ach nein, Entschuldigung, wir haben nur rosa, braun oder blau.

> In Ordnung, kein Problem. Also ich nehme bitte das gelbe Jo-Jo.

4 **Male aus** Read the label and colour each shop

Bäckerei

Friseursalon

Buchladen

EINKAUFEN GEHEN

5 **Verbinde** Draw a line to match the shop to the correct product

Bleistifte kaufen | ein Buch kaufen | eine Hose kaufen | Computerspiele kaufen

*kaufen: to buy

6 **Verbinde** Draw a line to complete the sentence

Meine Mama ist in der Bäckerei,	um ein Jo-Jo zu kaufen.
Mein Papa ist im Schreibwarenladen,	um Brot zu kaufen.
Meine Schwester ist im Spielwarengeschäft,	um einen Pulli zu kaufen.
Mein Bruder ist im Kleidergeschäft,	um einen Stift zu kaufen.

Wiederholung 4

1 **Verbinde** Draw a line to match the activity to the picture

| Ich gehe schwimmen. | Ich lese ein Buch. | Ich mache Sport. | Ich zeichne. |

2 **Verbinde** Draw a line to match the action with the correct location in town

Wir nehmen den Zug

Wir gehen... einkaufen

Wir gehen... einkaufen

Wir lernen

Wir machen Sport

im Supermarkt.

in der Schule.

im Einkaufszentrum.

im Sportzentrum

am Bahnhof.

3 **Verbinde** Draw a line from each item to the shop you'd buy it in

das Schreibwarenladen

das Spielwarengeschäft

das Kleidergeschäft

54

GEBURTSTAGSFEIER

Wir blasen Kerzen aus.

Wir singen Herzlichen Glückwunsch.

Wir essen Bonbons.

Wir essen Geburtstagskuchen.

Wir spielen mit den Ballons.

Wir öffnen die Geschenke.

Wir laden Freunde ein.

GEBURTSTAGSFEIER

1 **Verbinde** Draw a line to match the item to the correct word

| die Bonbons | die Geschenke | der Kuchen | die Kerzen | die Ballons |

2 **Male aus** Colour in the happy birthday pictures

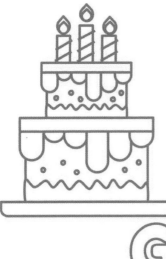  

Herzlichen Glückwunsch

Einheit 13 — GEBURTSTAGSFEIER

3 **Lies** Read about Lisa's birthday party preparations

Lisas Geburtstag

Es ist mein Geburtstag und es gibt viel zu tun. Wir müssen (have to) Bonbons für die Gäste kaufen. Wir müssen die Ballons aufblasen (blow up) und das Haus schmücken (decorate). Wir müssen den Geburtstagskuchen backen und wir dürfen nicht vergessen (we must not forget), die Kerzen zu kaufen.

4 **Zeichne** Read the description of each picture and draw it

der Geburtstagskuchen	die Geschenke

57

GEBURTSTAGSFEIER

5 Verbinde Draw a line to match the present to the correct item

Es ist ein Jo-Jo!

Es ist ein Buch!

Es ist ein Handy!

Es ist ein Fahrrad!

6 Schreibe Write about your birthday

Mein Geburtstag:	
Mein Lieblingsgeschenk:	
Mein Lieblingskuchen:	

DIE NATUR

die Blumen

die Sterne

die Insekten

der Mond

die Sonne

der Baum

das Gras

die Berge

das Blatt

das Meer

der Wald

DIE NATUR

1 **Suche** Complete the wordsearch

M	O	N	D	B	A	D	B	A	U	M	E
B	A	U	C	L	O	E	M	B	I	F	J
J	F	A	W	A	L	D	I	U	N	A	C
B	S	P	O	T	I	G	A	H	S	O	G
E	O	G	H	T	E	C	F	M	E	E	R
U	N	A	D	I	C	A	B	U	K	E	A
E	N	L	S	T	E	R	N	E	T	I	S
B	E	R	G	E	D	E	H	G	E	K	A
A	C	I	D	B	L	U	M	E	N	A	B

- ❑ Baum
- ❑ Wald
- ❑ Sonne
- ❑ Blatt
- ❑ Meer
- ❑ Insekten
- ❑ Blumen
- ❑ Mond
- ❑ Sterne
- ❑ Gras
- ❑ Berge

2 **Verbinde** Draw a line to match the picture to the word

das Blatt | die Berge | der Baum | das Gras | die Blumen

DIE NATUR

Lies Read the text about Lena's day in nature

Ein Tag in der Natur

Gestern habe ich einen Tag mit meiner Mama in der Natur verbracht (spent). Wir sind in die Berge gegangen. Wir haben die Bäume, viele (lots of) Blumen und ziemlich viele (quite a lot of) Insekten gesehen (saw). Wir haben ein Picknick auf dem Gras gemacht.

4 **Zeichne** Read the description of each picture and draw it

Auf dem Bild gibt es drei Berge und viele Blumen. Wir sehen auch die Sonne.

Auf dem Bild gibt es einen Wald und ziemlich viele Insekten. Wir sehen auch den Mond und die Sterne.

DIE NATUR

5 **Verbinde und ergänze** Draw a line to match and write the missing word

Die .... ist hinter den Bergen.

Das .... ist neben der Blume.

Die Schnecke ist vor dem ....

6 **Sprich** Read the text and say the words of the pictures

Im Park habe ich einen und die gesehen. Am Himmel scheint die . Ich habe im  gesehen.

der Himmel: the sky

WAS IST LOS?

Was ist los?
What's the matter?

NICHTS
nothing

Ich habe spaß
I'm having fun

Ich langweile mich I'm bored

Ich bin müde
I'm tired

Ich bin traurig
I'm sad

Ich bin froh
I'm happy

Ich habe Schmerzen I'm in pain

Ich habe Hunger
I'm hungry

Kopfschmerzen
headache

Ich habe Durst
I'm thirsty

Bauchschmerzen
tummy ache

Mir ist heiß
I'm hot

Mir ist kalt
I'm cold

Ich muss auf die Toilette gehen.
I need to go to the toilet.

Ich habe Angst
I'm scared

WAS IST LOS?

1 **Ergänze** Complete the table

traurig	spaß	müde
Durst	Schmerzen	langweile

Ich bin	Ich... mich	Ich habe

2 **Verbinde** Draw a line to match the problem with the correct solution

das Problem

Ich habe Hunger
Mir ist heiß
Ich habe Durst
Ich habe Kopfschmerzen
Mir ist kalt

die Lösung

Zieh deinen Pulli aus!*
Ruh dich aus!*
Iss Obst!
Zieh deinen Pulli an!*
Trinke Wasser!

*zieh aus: take off | *zieh an: put on | *ruh aus: rest

WAS IST LOS?

3 **Verbinde** Draw a line to match the if clause with the rest of the sentence

Wenn* ich Hunger habe...

Wenn ich Durst habe...

Wenn mir heiß ist...

Wenn ich Schmerzen habe...

Wenn ich mich langweile...

*wenn: if |*draußen: outside

trinke ich.

ziehe ich meinen Pulli aus.

ruhe ich mich aus.

spiele ich draußen.

esse ich.

4 **Lies** Read the dialogue between Lisa and her mother

Lisas Mama

Mama, ich habe Hunger!

Ja, ich weiß. Wir werden bald essen.

In Ordnung, ich habe auch Durst...

Möchtest du ein Glas Wasser?

Ja! Danke, Mama!

Lisa

WAS IST LOS?

5 **Ergänze** Complete the sentences with the words below

habe	müde	-schmerzen
gehen	Angst	bin

1. Ich muss auf die Toilette ....

2. Ich habe Bauch....................

3. Ich .... traurig.

4. Ich bin ....

5. Ich habe ....

6. Ich .... spaß.

6 **Ergänze** Write the correct body part according to the numbers

Ich habe Schmerzen!

Ich habe
1....................schmerzen.

Ich habe
2....................schmerzen.*

Ich habe
3....................schmerzen.*

Ich habe
4....................schmerzen.

Ich habe
5....................schmerzen.

Ich habe
6....................schmerzen.

*These two body parts must be written in plural.

Wiederholung 5

1 Verbinde — Draw a line to match the party item to the correct word

die Bonbons	die Geschenke	der Kuchen	die Kerzen	die Ballons

2 Schreibe — Write the name of each part of nature

3 Verbinde — Draw a line to match the problem with the correct solution

das Problem	die Lösung
Ich habe Hunger	Zieh deinen Pulli aus!
Mir ist heiß	Ruh dich aus!
Ich habe Durst	Iss Obst!
Ich habe Kopfschmerzen	Zieh deinen Pulli an!
Mir ist kalt	Trink Wasser

LEVEL 2: COMPLETE

Colour the star when you've completed the book.

UP NEXT: LEVEL 3

www.languageswithmaddy.com

The author and illustrator

Madeleine is a lifelong linguist, a qualified languages teacher and a self-taught illustrator. She has combined her passions and expertise into creating foreign language learning books. This book is also available in French, Italian and Spanish. Get to know me: @languageswithmaddy

www.languageswithmaddy.com

The translator

Stef is a passionate learner and a qualified teacher of languages in the UK, with four languages under her belt and more to come!